AF371170

STÉNOGRAPHIE

DES COURS.

SEMESTRE D'ÉTÉ.

ANNÉE SCOLAIRE 1835—1836.

COURS

DE DROIT CIVIL.

M. DEMANTE, PROFESSEUR.

PREMIÈRE LEÇON.

6 avril 1836.

Nous avons vu (art. 203 et suiv.) que l'une des obligations du mariage était de fournir des alimens ; mais cette obligation s'applique à un grand nombre de personnes, ce qui donne lieu à la question que nous avons posée dans notre programme.

Toutes les personnes comprises dans l'obligation de fournir des alimens, en sont-elles tenues concurremment? Ainsi, le parent le plus

Demante.

éloigné est-il à cet égard sur la même ligne que le plus proche? L'allié est-il sur la même ligne que le parent?

La loi ne s'explique pas sur ce point dans l'article 208. Elle ne parle que de la fortune de celui qui est soumis à l'obligation et du besoin dans lequel se trouve celui qui réclame les alimens; on peut donc conclure que tous les parens, quelque soit le degré de parenté, seront tenus sans distinction de l'obligation de fournir les alimens. En vain nous objectera-t-on que la proximité de la parenté donnant des avantages, ces avantages doivent être compensés par des désavantages; que les parens successibles, par exemple, devront être traités, dans le cas qui nous occupe, plus rigoureusement que ceux qui n'ont rien à espérer dans la succession. Sans doute, ce sont là des circonstances que les tribunaux pourront prendre en considération de leur délibération, puisque la loi, muette à cet égard, ne spécifie que la fortune des obligés; mais il est vrai de dire qu'aucun des parens ne pourra décliner la loi si le tribunal appelle les ascendans au lieu des descendans, le parent le plus éloigné à la place du plus proche; car il restera dans les termes et dans l'esprit de l'article 208.

On pourrait au besoin tirer un argument de la loi 8 au Digeste qui dit que les petits enfans nés de la fille ne doivent pas d'alimens à l'aïeul, parce qu'ils ne naissent pas dans sa famille.

Le mot aliment dont parle l'article 208 comprend toutes les nécessités de la vie, non seule--

ment ce qui est nécessaire à la vie animale, mais encore l'habillement, le logement; c'est un point constant de doctrine; mais la loi ne pose pour mesure de cette obligation que la fortune de celui qu'on veut y contraindre, cette fortune peut augmenter ou diminuer : si vous êtes dans un état brillant de fortune, les tribunaux, ayant égard à cette circonstance, vous imposeront une obligation plus forte que celle à laquelle ils vous astreindraient si vous possédiez peu ; on doit donc en conclure qu'il faudra revenir à plusieurs reprises sur la question d'aliment et que l'obligation sera plus ou moins grande selon que la fortune de l'obligé augmentera ou diminuera. Il pourra suivant les circonstances demander aux tribunaux une allégement à sa charge : la loi consacre textuellement la justice de ses réclamations.

Mais l'inverse ne peut-il pas être proposé? celui qui, à cause de l'état peu prospère des affaires de celui dont il réclame des alimens, a vu sa demande restreinte, ne peut-il pas, lorsque la fortune de l'obligé devient plus considérable, présenter une demande en augmentation? Évidemment oui, et cela est dans le texte lui-même. Ainsi, quoique les tribunaux aient restreint d'abord ma demande, cela ne m'empêchera pas d'en présenter une nouvelle sans crainte d'être repoussé par l'exception de la chose jugée, et de me faire adjuger des alimens plus considérables, plus en rapport avec l'état de fortune de celui qui me les paie. Cette doctrine a été confirmée par un arret de la Cour de cassation du 7 décembre 1812.

Mais cette obligation de fournir des alimens à plusieurs personnes, jusques à quel point leur est-elle imposée? Ainsi, par exemple, un père demande une pension de 1,200 francs à ses enfans. Ses enfans devront-ils y contribuer chacun pour leur part, ou chacun d'eux devra-t-il à lui seul la totalité de la pension? En un mot, la question est de savoir si l'obligation de fournir des alimens est solidaire entre tous les enfans.

Et d'abord sachons que le mot solidaire est tiré de *solidum* (en entier), ce qui ne signifie pas que le père pourrait demander la totalité de la pension à chacun de ses fils, mais qu'il pourrait choisir celui qui lui plairait et l'actionner comme son débiteur.

L'article 1202 est contraire à l'affirmation, puisqu'il dit que la solidarité ne se présume pas et qu'il faut qu'elle soit stipulée. Ici point de stipulation, donc point de solidarité. Mais comme chacun des enfans reste chargé defournir des alimens, ne peut-on pas conclure que l'on peut imposer à un seul l'obligation tout entière et le forcer à solder la totalité de la pension? Supposons qu'il soit seul ; toute la charge tombera sur lui. Maintenant si nous admettons que les autres enfans sont dans l'impossibilité de contribuer au paiement de la dite pension, nous arriverons tout naturellement à dire que, dans le cas de plusieurs enfans, les tribunaux pourront cependant en charger un seul, et cette décision sera tout-à-fait conforme à l'article 208. Ils pourront aussi, en restant fidèles à cet article, distribuer les charges des alimens entre les divers enfans, toujours en ayant égard à la fortune de chacun. C'est donc ici une question de circonstances dépendant de la volonté du tribunal, et nullement comprise implicitement dans la loi.

Cette question qui est d'une grande importance, a été mal résolue par plusieurs auteurs. Il y a, disent-ils, solidarité légale ; oh ! ce n'est pas là une solidarité légale. Dans la solidarité légale le créancier peut s'adresser au débiteur qu'il lui plaît de choisir ; est-ce là ce qui existe à l'égard des enfans ? Non, s'ils sont tous capables de concourir au paiement de la pension. Ils y concourront chacun pour leur part. Cette dette sera séparée et nullement solidaire avec celle des autres enfans. Elle sera plus ou moins forte suivant la fortune de chacun, et selon la décision du tribunal qui se conformera toujours à l'article 208.

D'après ce même principe, nous pouvons dire que les tribunaux auront le droit de condamner solidairement les enfans lorsqu'ils seront tous capables de supporter les charges du paiement, et cela pour diminuer les chances des procès. En cela ils ne contrarieraient nullement les dispositions de l'article 208.

Le plus souvent l'obligation de payer des alimens se résout en pension alimentaire, comme on le voit d'après les dispositions de l'article 210. Toutefois, il n'y a pas là-dessus de précepte formel, et l'on peut très bien ici faire aussi la part des circonstances. Ainsi, on pourra condamner un cultivateur à livrer par an tant de boisseaux de blé, un marchand à fournir une certaine quantité des denrées qui entrent dans son commerce. Mais le plus ordinairement, ce sera une somme en argent.

La loi passe ensuite au cas où la pension ne pourrait pas être payée, et cette disposition se trouve consignée dans l'article 210, qui dit que si la personne qui doit fournir des alimens justifie qu'elle ne peut payer la pension alimentaire, le tribunal pourra, en connaissance de cause, ordonner qu'elle recevra, entretiendra, celui auquel elle doit des alimens.

Mais sans examiner la question de savoir s'il y a inconvénient ou non dans la vie commune, l'offre qui est consignée dans l'article 210, ne peut être accueillie que s'il y a impossibilité de payer la pension.

Il y a cependant une exception à cette règle générale, c'est lorsque les parens offrent de nourrir les enfans, qui ne peuvent se refuser à cette offre. Le texte de l'article 211 est précis à cet égard.

La raison de cette exception à la règle est qu'il n'y a pas pour l'enfant d'inconvénient à vivre avec ses parens. Il n'est pas déshonoré pour rester au milieu d'eux et partager leurs alimens ; il n'est point sujet enfin aux inconvéniens qui pourraient résulter de cette vie commune à l'égard des parens plus éloignés en degré ; on peut même dire, quand même les parens seraient fort riches et capables de fournir une pension alimentaire à l'enfant, celui-ci ne serait pas admis à refuser l'offre qu'ils feraient de venir vivre avec eux ; car enfin il faut un motif pour refuser cette offre.

Mais revenons au principe général : Si la vie commune est insupportable, et qu'il soit impossible de payer des alimens, quelle conduite mènera-t-on ?

Dans ce cas-là, on prendra conseil des circonstances. Les tribunaux pourront ordonner que l'on jouira de tels biens ou de telle portion de biens, que l'on fera porter les alimens chez une tierce-personne, etc., etc.

La matière est ici complète ; mais j'ai cru devoir y ajouter des questions dont la solution peut avoir quelque intérêt.

La première est celle qui a rapport au bénéfice de compétence. Le bénéfice de compétence, expression que beaucoup d'entre vous n'auront sans doute pas comprise, consiste à payer tout ce que l'on peut payer en conservant ce qui est nécessaire à la vie. Il s'applique entre personnes liées par la parenté ou l'alliance, v. g., entre un beau-père ou un gendre. Il était très-usité en droit romain.

Peut-on l'appliquer à l'obligation de payer des alimens ?

Ce que l'on peut dire sur cette question-là, c'est que le bénéfice de compétence étant contraire à la règle commune, on ne doit l'appliquer qu'avec beaucoup de discernement. Ma réponse est donc négative.

La seconde question est celle-ci : On demande

si un fils ayant pour créancier, sous le rapport de la prestation des alimens, un père débiteur et contraignable par corps, sera-t-il forcé de payer les dettes (nous ne parlons pas ici de l'obligation morale qui existe dans ce cas d'une manière si puissante)?

Il ne faut pas pousser trop loin l'explication de la loi qui dit que le fils ne pourra pas emprisonner son père. Sans doute c'est une disposition très-juste; mais de ce que je dois honneur et respect à mes parens, il ne s'en suit pas que je doive payer les dettes qu'ils auront contractées. Ainsi, non, il n'y a pas obligation de payer les dettes. Et qu'on ne vienne pas nous objecter que le créancier saisira la pension alimentaire, car les pensions alimentaires sont insaisissables.

DES DROITS ET DEVOIRS RESPECTIFS DES ÉPOUX.

Quand on est pénétré du but de la société conjugale, on comprend facilement quels sont les devoirs mutuels des époux, devoirs que le Code a renfermés dans ce chapitre et exprimés par ces mots : Les époux se doivent mutuellement fidélité, secours, assistance.

Le premier de ces devoirs est que l'homme doit protection à sa femme; c'est juste, car il est le plus fort.

Le second, que la femme doit obéissance à son mari. Disposition de droit naturel et de toute justice, car, dans une société de deux volontés, il faut qu'il y en ait une qui fléchisse ; c'est un principe de toute vérité. D'ailleurs, cette condescendance de la femme aux volontés du mari est toute dans son intérêt; il est plus fort, il est juste qu'il commande. Ce n'est donc point un esclavage comme on l'a prétendu. Au lieu du mot soumission, employé dans la loi, j'aurais mieux aimé celui d'obéissance. Il aurait mieux rendu le sens de la loi.

L'article 214, qui ordonne à la femme d'habiter avec son mari et de le suivre partout où il voudra résider, n'est que la conséquence des précédentes dispositions.

Mais la femme sera-t-elle forcée de le suivre, même hors de son pays à l'étranger? Oui, si le mari l'exige, elle y sera forcée, et ceci est conforme aux principes, car la société de la femme et de l'homme est plus ancienne que toutes les autres sociétés humaines; elle doit donc obtenir la préférence, et d'ailleurs il n'est pas sûr que la femme ne doive pas plus à son mari qu'à sa patrie.

L'article 214, qui ordonne à la femme de suivre son mari, ordonne aussi à ce dernier de la recevoir et de lui fournir tout ce qui est nécessaire aux besoins de la vie, selon ses facultés et son état. Si le mari voulait faire habiter sa femme dans un grenier, par exemple, la femme serait en droit de s'y refuser et resterait dans les limites de l'article 214. C'est ce qui a été décidé par un arrêt de la cour de cassation du 19 janvier 1827.

Mais cette question, une fois résolue, que la femme est obligée de suivre son mari et de cohabiter avec lui, il s'en présente une autre : Quels sont les moyens à employer si elle refuse de se soumettre à la loi? Emploiera-t-on les moyens de persuasion? Fera-t-on valoir l'autorité morale que possède ordinairement un mari sur sa femme? Sans doute, ce sera ainsi que l'on devra d'abord agir; mais la femme peut résister, et cependant il faut que force reste à la loi. On aura donc recours aux moyens judiciaires; mais si le jugement qui ordonne à la femme de cohabiter avec son mari n'a pas sur elle plus d'effet que les moyens précédens, que faut-il faire alors?

C'est là une grande question. Emploiera-t-on la force publique? Mais on vous dira que c'est violer les rapports d'assistance et de protection que la loi veut faire régner entre les conjoints, et lors même que l'on emploierait la force armée, qui vous assure que la femme, ainsi reconduite, voudra rester chez son mari! Il est plus probable qu'elle le quittera de nouveau et que votre mesure ne produira qu'un scandale inutile. Enfin, on vous dit que c'est une contrainte par corps, et que la contrainte par corps ne peut être appliquée que dans les cas déterminés par la loi.

Telles sont les trois objections que proposent ceux qui nient la possibilité d'emploi de la force armée; il faut cependant que force reste à la loi. Il faut que cette loi ait une sanction quelconque; et quelle autre peut-elle avoir, si ce n'est la saisie de sa personne? Ah! oui, j'entends, la saisie de ses revenus.

Tel est, Messieurs, le moyen qu'offre la loi au mari pour contraindre sa femme à cohabiter avec lui. Il devra, en effet, s'il est marié sous le régime de la communauté, saisir les revenus de sa femme. Il n'aura d'autre moyen (passez-moi cette expression triviale) que de lui couper les vivres.

Mais il est possible que ce moyen ne suffise pas encore. Il est possible que la femme soit riche et ne compte pas sur ses revenus pour vivre. Qu'elle soit retirée chez ses parens complices de sa fuite, et se trouve ainsi au-dessus des privations que son mari avait voulu lui imposer en saisissant ses revenus. Que faudra-t-il donc faire dans cette circonstance? Car il faut un moyen, nous le répétons, pour assurer l'exécution de la loi.

Eh bien! Messieurs, ce moyen est dans l'emploi de la force armée; c'est là que le mari trouvera le moyen de jouir du droit que lui donne la loi. La femme devra donc être saisie de sa personne, et conduite par les agens de la force publique à la maison de son mari : telle est la solution de la question. Il est bien entendu que le mari ne pourra pas, de son chef, requérir l'emploi de la force publique; il ne le pourra qu'après avoir obtenu un jugement.

Et que l'on ne nous objecte pas que l'on viole ici la loi, et que c'est une contrainte par corps! Messieurs, ce serait jouer sur les mots. Qu'est-ce qu'une contrainte par corps? C'est l'acte par lequel on retient son débiteur en prison. Or, y a-t-il rien de semblable dans la conduite du mari à l'égard de la femme? Non, assurément. La femme n'est pas prisonnière chez son mari.

Il est bien entendu que l'on n'emploiera ce moyen que lorsqu'il n'en existera pas d'autre de plus efficace; ce sera le dernier auquel on aura recours. Mais on l'emploiera, s'il le faut, pour assurer l'exécution de la loi. Les juges, dans ce cas, devront faire la part des circonstances dont l'appréciation est laissée à leur sagesse. Il faudra, nous l'avons dit, un jugement pour autoriser le mari à agir de la sorte.

Ces considérations que nous venons de développer ont été confirmées par un arrêt de la Cour de cassation du 9 août 1826.

DEUXIÈME LEÇON.

8 avril 1836.

Continuation de l'explication des droits et devoirs respectifs des époux. — Code civil, chap. VI.

Si nous lisons l'article 215, Messieurs, nous y voyons que la femme ne peut ester en jugement sans l'autorisation de son mari, et que cette incapacité existe, lors même qu'elle serait marchande publique, ou non commune, ou séparée de biens. Ainsi, la règle est générale, quelle que soit sa qualité, la même incapacité existe toujours. Cependant, il faut le dire, la femme, séparée de biens, jouit sous ce rapport d'une faculté plus grande que la femme non commune. C'est, du reste, une question que nous ne ferons qu'indiquer ici, et que vous serez plus à même d'approfondir lorsque nous traiterons du contrat de mariage.

La femme marchande publique a le pouvoir de faire certains actes de négoce. C'est une faculté qui se trouve impliquée naturellement dans son titre de marchande publique ; mais, quel que soit son pouvoir, on lui a refusé celui d'ester en jugement. Pourquoi lui a-t-on dénié ? Est-ce parce que c'est l'acte dans lequel on compromet le plus sa fortune, en s'exposant aux frais et à la perte des procès? Quel qu'en soit le motif, la prohibition ne cesse que dans un seul cas qui est celui de l'article 216.

Cet article dispense de l'autorisation du mari la femme poursuivie en matière criminelle ou de police. Pourquoi donc cette exception à la règle générale? Pourquoi accorde-t-on plus de droits à la femme en matière criminelle ou de police qu'en matière civile? C'est, Messieurs, par cette raison, que la défense est de droit naturel. Si au lieu de se défendre la femme voulait au contraire intenter une action, elle ne le pourrait pas sans l'autorisation de son mari, autorisation dont la loi la dispense lorsqu'elle est défenderesse. Le motif de ce privilége est, je le répète, que la défense étant de droit naturel, il est inutile de demander au mari une autorisation qu'il ne peut refuser, et de lui conférer un droit illusoire. C'est qu'il n'est nullement dangereux de se défendre en matière criminelle. Ce n'est pas comme en matière civile, l'on s'expose à des frais que l'on aurait p u éviter en entrant en conciliation. Mais, nous le répétons, cette exception ne s'applique qu'au seul cas que la loi a déterminé. Le sens et les termes de l'article sont précis; il ne faut pas leur donner plus d'extension.

Nous voyons dans l'article 215 l'expression *autorisation*, est-ce à dire qu'il faille à la femme une autorisation formelle et par écrit, par laquelle le mari l'autorise à ester en jugement? Autrefois, il l'eût fallu, Messieurs, et c'est des anciennes lois

que le Code a tiré cette expression, mais elle n'a
aucun sens technique. Ce que l'on demande actuellement, c'est le consentement du mari, et on
ne l'assujettit pas aux rigueurs d'une forme dé-
terminée. Le législateur a conservé l'expression
des lois anciennes, parce qu'il a pensé qu'il ne
pourrait s'élever à ce sujet aucune difficulté. Il a
pris, du reste, le soin de l'éviter dans la rédaction
de l'article 217, où il s'agit des affaires civiles.
Autrefois, il aurait fallu une autorisation spéciale,
maintenant un simple concours suffit. L'article
ainsi rédigé ne peut laisser aucun doute, ne peut
donner naissance à aucune difficulté.

Cet article énumère en détail tous les actes que
la femme ne peut faire sans le concours de son
mari. Si l'on s'en tient à la rédaction littérale de
l'article, il n'y a aucune différence quant à l'incapacité pour la femme non commune ou séparée
de biens. Nous verrons cependant qu'il y en a
de très grandes.

Messieurs, en parlant de femme non commune
ou séparée de biens, j'emploie des expressions
qui ne sont peut-être pas bien comprises; car,
quoique peu différentes en apparence, elles ren-
ferment cependant des effets tout autres, et que
nous ne pouvons comprendre qu'en expliquant
le contrat de mariage. Remettons donc à cette
époque une plus ample explication. Qu'il nous
suffise d'avoir entrevu la différence actuellement.
En lisant l'article 417, nous y trouvons d'abord
les mots *ne peut donner*. C'est là la première incapacité de la femme; cette incapacité ne s'étend

pas aux donations testamentaires qu'elle pourrait faire en se conformant aux lois qui régissent cette matière. Vient ensuite la prohibition d'aliéner, comprise dans la précédente; car on ne peut pas donner sans aliéner, et si l'on ne peut pas donner, il est tout simple que l'on ne pourra pas non plus aliéner.

La loi défend ensuite d'hypothéquer, et cela est très logique; car l'hypothèque, comme nous le verrons plus tard, n'est autre chose qu'une aliénation.

Voilà trois dispositions prohibitives dont il est aisé de saisir le sens. En effet, il serait désastreux pour les deux époux que la femme, malgré son inexpérience, pût donner, aliéner, hypothéquer.

Mais voici une disposition prohibitive qui s'adresse d'une manière moins évidente à l'intelligence : c'est celle qui défend à la femme d'acquérir à titre gratuit ou à titre onéreux. Sous ce dernier point de vue rien de difficile à saisir. Car dans une vente ou dans tout autre acquisition à titre onéreux, on a à examiner s'il y a utilité, si les avantages sont plus grands que les désavantages; la femme serait la plupart du temps incapable. Mais une acquisition à titre gratuit n'offre rien de périlleux, rien de chanceux; il y a plus ou moins d'avantage, mais il n'y a pas de perte. Cependant la loi ne distingue pas : c'est qu'il y a, Messieurs, un intérêt moral : c'est que le mari est seul capable de voir si la femme peut accepter valablement et honorablement la donation qu'on lui fait. N'allons pas plus loin sur ce sujet, car

c'est évidemment la raison qui a dominé le législateur. C'est une question suffisamment éclaircie.

Toutes les prohibitions que nous venons d'énu-
mérer peuvent être levées par le concours du
mari dans l'acte. Il ne faut, nous le répétons,
qu'un simple concours et non une autorisation.
Il n'est donc pas besoin d'ajouter ce que l'on ne
manque jamais de mettre dans la pratique : « As-
sistée de son mari qui *l'autorise à l'effet des pré-
sentes.* » Il y a ici des clercs d'avoués qui révo-
quent en doute mon assertion ; mais il est certain
que cette dernière disposition est tout-à-fait
inutile.

La loi ajoute : « *ou son consentement par écrit* » :
est-ce à dire qu'il faille à la femme une autorisation par écrit, un acte authentique ? Non, Messieurs : nous l'avons déjà dit, la loi a voulu débar-
rasser cette matière des questions de forme qui
l'embarrassaient autrefois. Mais comment donc
expliquer ce mot, par *écrit ?* Cette disposition a
été mise en vue de la preuve testimoniale, laquelle
preuve ne pourrait être admise si l'on n'avait pas
d'écrit.

L'article 217 que nous venons de commenter
procède par voie d'énumération : il parle d'abord
des donations, puis des aliénations, et ensuite des
hypothèques. Pour le dire en passant, on est
tenté de se demander pourquoi on sépare les donations des aliénations, puisque nous avons dé-
montré que l'aliénation était comprise dans la donation. C'est parceque l'on peut donner une

seule partie sans aliéner le tout. On a donc en raison de distinguer ces deux cas.

Mais revenons à notre remarque sur l'énumération que fait l'article qui nous occupe. Ne pourrait-on pas croire qu'elle est limitative ? N'y a-t-il pas d'autres actes qui puissent se renfermer dans le sens de cet article ? Ne peut-on pas dire, par exemple, que la femme est en général incapable de contracter ?

Oui, Messieurs, il y a pour la femme incapacité de contracter ; il y a donc lieu à se demander pourquoi la loi ne l'a pas dit dans l'art. 217.

Si nous lisons l'article 1124, nous voyons que la femme peut contracter, excepter dans les cas où la loi le lui a défendu. En combinant cet article avec l'article 217, on en viendrait à cette conclusion, que la femme ne peut pas aliéner, mais qu'elle peut contracter ; or, ces deux choses-là sont tout-à-fait inconciliables : car qu'est-ce que contracter ? C'est s'obliger, et les conséquences de l'obligation ne sont-elles pas de mettre à la merci du créancier, les biens du débiteur ?

Je n'aliène pas directement, il est vrai, mais, puisque mon obligation donne à mon créancier le droit de saisir mes biens, il est certain qu'en m'obligeant je finirais par me ruiner. Ainsi, l'obligation contenant une aliénation indirecte, concluons donc que la femme, qui ne peut aliéner, ne peut par conséquent s'obliger. Voilà, je crois, une proposition démontrée.

C'est la réponse à la question que nous avons posée en ces termes : Existe-t-il pour la femme mariée une incapacité de s'obliger distincte de celle d'aliéner.

Mais question est de savoir maintenant si la femme séparée de biens ne peut pas valablement s'obliger jusques à concurrence de son mobilier. Messieurs, qui veut la fin veut les moyens : la femme qui administre, doit pouvoir faire les contrats nécessaires à son administration. La femme qui est séparée de biens a la faculté d'aliéner son mobilier, mais puisqu'elle le peut directement, pourquoi ne le pourrait-elle pas indirectement? Pourquoi ne pourrait-elle pas souscrire à l'égard de ce mobilier une obligation, que nous avons démontrée n'être autre chose qu'une aliénation indirecte? Voilà, Messieurs, la question grave qui a long-temps divisé les tribunaux ; les Cours royales étant toujours en contradiction avec la cour de cassation. C'est tout ce que je dirai sur cette question pour le moment, suspendons notre jugement jusqu'à ce que nous traitions plus directement cette matière.

Une question moins grave est celle de savoir si le simple consentement du mari n'aurait pas pour effet d'habiliter sa femme aussi bien pour ester en jugement que pour contracter? ce que nous avons dit plus haut sur le peu d'importance que la loi attachait à la forme du consentement, rend non douteuse la solution de la question. (Quest. du progr., n° 252, page 133, 1er vol.)

Mais une question plus grave et plus controversée est celle de savoir si la ratification postérieure du mari équivaudrait au consentement donné *ab initio*. (Quest. du prog. n$_o$ 252, pag. 134, 1 vol.)

Les actes que fait la femme ne sont pas nuls dès le principe ; on a bien le droit d'en demander la nullité ; mais ils sont valables *ab initio*, et peuvent être régularisés.

Mais quel moyen employer pour régulariser ces actes et les rendre parfaits ? Il ne faut qu'ajouter ce qui manque à leur perfectionnement. Ils ont déjà reçu le consentement de la femme, il leur fallait le concours du mari ; il ne s'agit donc plus maintenant pour les solider complètement, que d'avoir ce consentement, or maintenant, ce consentement est-il valable ? Nous avons vu au titre du mariage que celui des mineurs, valable au principe, n'avait besoin pour être inattaquable que du consentement postérieur des ascendans. N'en est-il pas de même ici, où il y a un acte valable *a principio*, et qui le sera toujours tant que le mari ne se portera pas contre ? Il y toujours ce que la loi exige : consentement de la femme et consentement du mari. Il y a donc régularité, ou je n'entends par les principes du droit. Jamais conséquence n'a été plus logiquement tirée. Cependant l'opinion que je viens d'émettre est controversée par beaucoup d'auteurs, et elle a même contre elle un arrêt de la Cour de cassation. Je ne dois point vous dissimuler les autorités, mais je ne me rendrai point à cette décision. L'arrêt que je viens de vous citer est du 12 février 1828.

Le mari, comme chef de la communauté, doit

être consulté, cela est juste. Cependant, la loi n'a pas pu donner au mari un pouvoir tellement absolu que la femme ne pût agir même dans les circonstances où elle y aurait le plus d'intérêt. Le législateur y a donc pourvu dans l'article 218, qui permet au juge d'autoriser la femme dans le cas où le mari ne le voudrait pas.

L'article 219 détermine la forme dans laquelle la femme doit agir pour obtenir l'autorisation du juge. Nous verrons tout à l'heure si cette forme est en harmonie avec celle que donne le Code de procédure (art. 861 et suiv.). Pour le moment, ne nous occupons que de l'article lui-même, et d'abord, remarquons cette expression *directement* qu'il emploie; on a voulu qu'il n'y eût aucun retard, et que la citation du mari eût lieu sans aucune mesure tardative.

Nous voyons ensuite que le mari ne doit pas être cité devant la barre même du Tribunal, mais qu'il doit être entendu dans la chambre du Conseil. On a pris cette sage disposition, parce qu'il pourrait se faire que les motifs qui ont guidé le mari dans son refus d'autorisation fussent de nature à n'être pas divulgués en public.

Mais quel est le juge qui donnera à la femme le pouvoir d'ester en jugement? Évidemment c'est celui du domicile commun. La loi a dit simplement *le juge*, parce que, dans l'article suivant, elle détermine le tribunal, et que cette question se résout tout naturellement.

Si la femme était défenderesse, ce serait le juge du lieu où est portée la contestation, parce que ce juge est seul capable de bien juger si l'on doit obtempérer ou non à la demande de la femme.

Mais revenons à notre question : Le code de procédure ne déroge-t-il pas à l'art. 219 du code civil ? En lisant l'art. 861 du code de procédure, nous voyons que la femme doit faire une sommation à son mari avant de le citer devant le tribunal. Le code civil, au contraire, dit tout simplemeut qu'elle pourra le citer *directement :* cette mesure est plus expéditive. Si nous continuons à observer parallèlement ces deux articles, nous voyons dans l'un *passer un acte* et dans l'autre *poursuivre ses droits,* ces deux choses sont-elles donc tellement différentes qu'il ait fallu les assujétir à des règles distinctes et séparées ? Nous ne le pensous pas : *passer un acte* et *poursuivre ses droits* sont des expres·sions synonimes qui n'admettent pas une différence de règle. Il faut donc croire que le législateur a changé de volonté, et que, par conséquent, la disposition du code civil se trouve abrogée par le code de procédure. C'est au reste la doctrine que l'on suit ordinairement dans la pratique.

Une autre question, qui, peut-être, n'est pas une question, mais seulement une proposition à établir, est de savoir si les art. 861 et 862 du code de procédure s'appliquent au cas où la femme est défenderesse.

Dans la pratique, lorsque l'on assigne une femme mariée, on a soin d'envoyer aussi une assignation à son mari, car si le mari n'est pas d'avis de soutenir le procès, la femme peut demander

l'autorisation au juge si elle veut être défenderesse. Cela ne souffre pas de difficulté.

La femme demandera l'autorisation au juge
saisi de la contestation, qui devra la lui donner
sans connaissance de cause, sans savoir si elle lui
sera utile ou funeste : car sans cela il faudrait
qu'il décidât une question qui ne peut être déci-
dée que contradictoirement devant les parties.

Telles sont, Messieurs, les solutions des questions assez difficiles que nous avions posées dans
le programme.

TROISIÈME LEÇON.

11 avril 1856.

Continuation des droits et devoirs respectifs des époux.

Nous avons vu quelles étaient les incapacités de la femme, soit pour ester en jugement soit pour contracter. Nous avons vu que cette incapacité avait lieu également pour la femme non commune, ou séparée de biens, et qu'il n'y avait à cette règle générale qu'une exception apportée par l'article 217 en faveur de la femme poursuivie en matière de police ou en matière criminelle.

Indépendamment de cette exception, il en est une autre établie à l'égard de la femme marchande publique pour ce qui concerne son négoce : elle peut contracter sans autorisation. La faveur ne s'étend pas aux autres affaires. Le motif de cette disposition exceptionnelle est facile à saisir ; dans les affaires de commerce, il faut une grande promptitude, une grande célérité. La femme serait donc exposée à manquer un grand nombre d'affaires souvent avantageuses, si à chaque fois elle était obligée de consulter son mari ; il lui faut donc la liberté d'agir seule ; et cette faculté elle doit la puiser dans sa qualité de